mejor juntos*

* Este libro se lee mejor juntos, adulto y niño.

 akidsco.com

a
kids
book
about

un libro para niños sobre racismo

racismo

por Jelani Memory

A Kids Co.
Diseño y edición Jelani Memory
Dirección creativa Rick DeLucco
Gestión de estudio Kenya Feldes
Dirección de ventas Melanie Wilkins
Dirección editorial Jennifer Goldstein
Director general y fundador Jelani Memory

DK
Equipo técnico de Delhi Bimlesh Tiwary Pushpak Tyagi, Rakesh Kumar
Edición de producción Jennifer Murray
Control de producción Louise Minihane
Adquisiciones editoriales Katy Flint
Edición de proyectos de adquisición Sara Forster
Dirección de arte Vicky Short
Dirección de publicaciones Mark Searle

De la edición en español
Traducción Nohemi Saldaña
Revisión Fernanda Gómez
Composición y maquetación Sara García
Coordinación de proyecto Lakshmi Asensio
Dirección editorial Elsa Vicente

Publicado originalmente en Estados Unidos,
2025 DK Publishing, 1745 Broadway, 20th Floor,
New York, NY 10019

Publicado en Reino Unido en 2025
Dorling Kindersley Limited, 20 Vauxhall Bridge Road,
London SW1V 2SA
A Penguin Random House Company

El representante autorizado en el EEE es
Dorling Kindersley Verlag GmbH. Arnulfstr. 124,
80636 Múnich, Alemania

Título original: *A Kids Book About Racism*
Primera edición: 2025
001-336881-Sept/2025

ISBN: 978-0-2417-9018-2

Impreso en China

www.dkespañol.com
akidsco.com

Para mi hijo, Solomon

Introducción
para adultos

Nosotros "los adultos" tratamos de enseñarle a los niños lo más que sea posible mientras crecen. Cosas como decir el abecedario, andar en bicicleta, cuándo decir "por favor" y "gracias". E incluso cosas más grandes; cómo salir a citas, cuándo dejar de hacer algo, y cómo perdonar. Pero hay un buen número de cosas importantes de las que no logramos hablar. Cosas que simplemente son difíciles de hablar.

El racismo es uno de esos temas.

Y al mismo tiempo, ¿cuál es la edad más temprana para que los niños aprendan acerca del racismo? ¿Cuándo es "muy pronto" para que los niños sepan como tratar a aquellos que se ven diferentes? ¿Quién debería enseñarle a los niños a aprender sobre el racismo?

Este es un libro diseñado para ayudar a empezar esa conversación. Para ayudar a los adultos y a los niños a abordar este tema tan difícil y empezar lo que yo espero sea la primera de muchas conversaciones por venir acerca del racismo. ¡Que lo disfruten!

Este es un libro acerca del **racismo**.

¡De veras!

Y sí, es realmente para niños.

Es un buen libro para leer con un adulto.

Porque tendrás mucho de qué hablar después.

(¿Solamente tú? Sigue leyendo. ¡El libro no MUERDE!)

Ahora para presentarme...

Mi nombre es **Jelani**.

El color de mi piel se ve

así.

(Si eres daltónico, "así" es el color moreno.)

Porque mi papá es

negro.

Y mi mamá es

blanca.

Esto me hace...

mestizo.

O...

Afroamericano, birracial, negro o una persona de color.

Estoy orgulloso de quien soy y del color de mi piel.

Pero,

debido al color de mi piel,
la gente no siempre es
amable conmigo.

Algunas veces se burlan de mí.

Otras veces es peor.

La persona que lo hace,
tal vez no se da cuenta
de que eso me **lastima...**

¡MUCHO!

Y cuando me tratan de esa manera, me hacen sentir...

pequeño.

Como ves,
algunas personas creen
que tener la piel de color
significa que no eres tan
bueno como otras personas.

A eso se le llama...

racismo.

¿Qué es el **racismo**?

Racismo significa odiar a alguien, excluirlo o tratarlo mal debido a su raza o el color de su piel.

racismo racismo racismo racismo
racismo racismo racismo racismo
racismo · racismo racismo raci
racismo · racismo racismo smo paci
racismo racismo racismo racismo
smo racismo racismo ra
racismo racismo
racismo racismo racismo racismo
racismo racismo racismo
mo racismo ra
r

Y sucede **todo el tiempo.**

rac
racism
rac
rac
smo racisr
racismo racismo racis
racismo racismo racismo racis
acismo racismo ra
racismo racismo
racismo racismo
racismo racismo racismo
racismo racismo racismo
racismo racismo racismo

racismo racismo racismo racismo
racismo racismo racismo racismo
cismo racismo racismo racismo
cismo racismo racismo racismo
smo ismo racismo racismo
cismo racismo racismo racismo
racismo racismo racismo racismo
smo racismo racismo racismo
cismo racismo racismo racismo
racismo racismo racismo
racismo racismo racismo
racismo racismo
racismo racismo
racismo racismo
mo racismo
racismo racismo
mo racismo racismo
mo racismo racismo
mo racismo racismo
cismo racismo racismo
racismo racismo
smo racismo racismo
racismo racismo racismo
smo racismo racismo
racismo racismo racismo
racismo racismo racismo

No solo de manera

LÍCITA,

pero
algunas
veces
se
muestra
de
pequeñas
maneras.

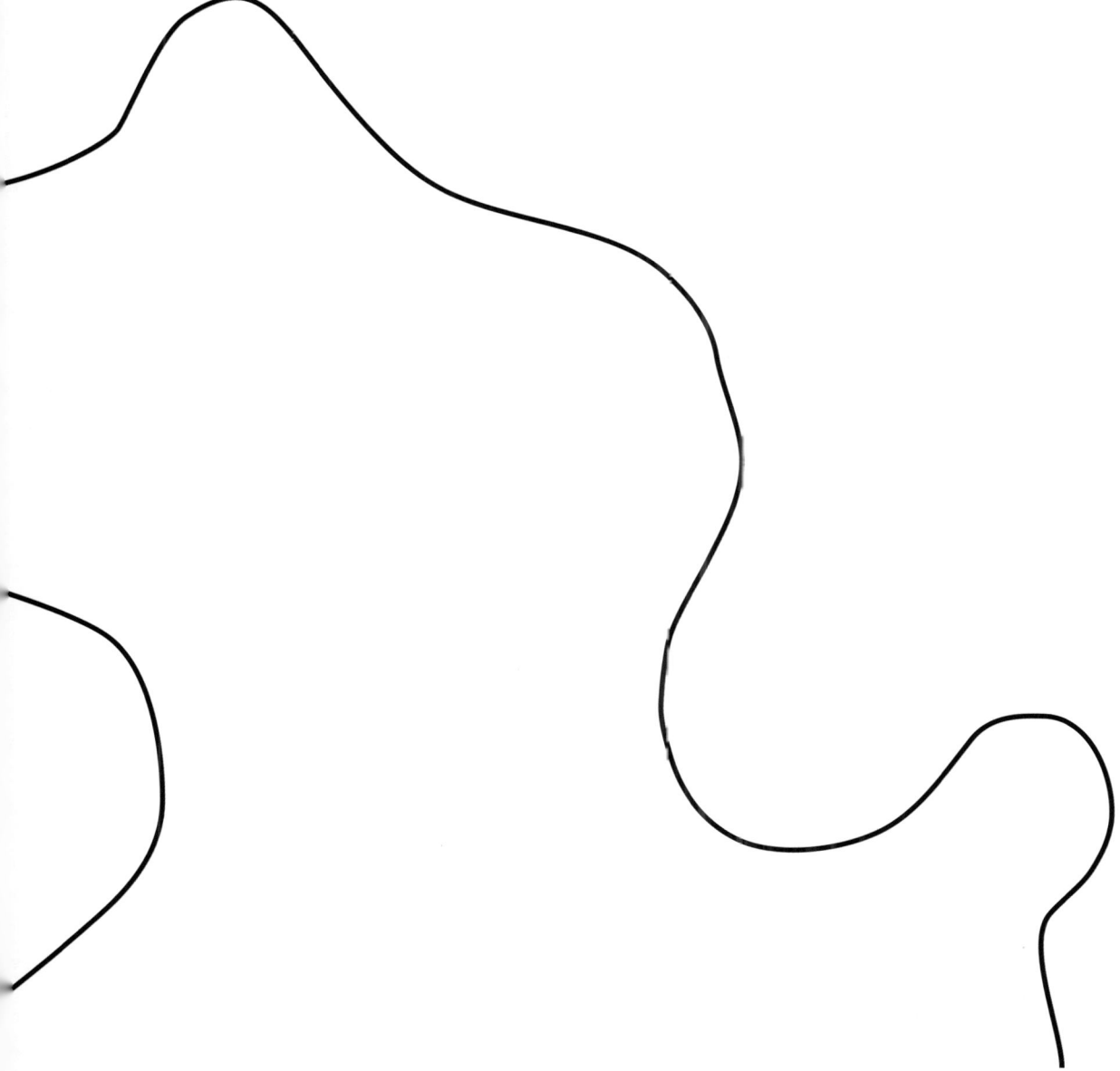

Maneras que son casi invisibles.

Como....

una mirada,

un comentario,

una pregunta,

un pensamiento,

una broma,

una palabra

o una creencia.

El racismo es uno de los peores males que una persona pueda tener.

Porque para **el racismo**,
ser diferente es malo.

PE

RO,

¡ser **diferente** es
realmente bueno!

Realmente algo muy, muy,

muy, muy, muy, muy, muy, muy, muy, mu
muy, muy, muy, muy, muy, muy, muy, muy
muy, muy, muy, muy, muy, muy, muy, mu
muy, muy, muy, muy, muy, muy, muy, muy
muy, muy, muy, muy, muy, muy, muy, muy
muy, muy, muy, muy, muy, muy, muy, mu
muy, muy, muy, muy, muy, muy, muy, muy
muy, muy, muy, muy, muy, muy, muy, muy
muy, muy, muy, muy, muy, muy, muy, mu
muy, muy, muy, muy, muy, muy, muy, mu
muy, muy, muy, muy, muy, muy, muy, muy
muy, muy, muy, muy, muy, muy, muy, mu
muy, muy, muy, muy, muy, muy, muy, muy
muy, muy, muy, muy, muy, muy, muy, muy
muy, muy, muy, muy, muy, muy, muy, muy
muy, muy, muy, muy, muy, muy, muy, mu
muy, muy, muy, muy, muy, muy, muy, m
muy, muy, muy, muy, muy, muy, muy, mu
muy, muy, muy, muy, muy, muy, muy, muy,

muy, muy, muy, muy, muy, muy, muy, muy,
muy, muy, muy, muy, muy, muy, muy, muy,
muy, muy, muy, muy, muy, muy, muy, muy,
muy, muy, muy, muy, muy, muy, muy, muy,
muy, muy, muy, muy, muy, muy, muy, muy,
muy, muy, muy, muy, muy, muy, muy, muy,
muy, muy, muy, muy, muy, muy, muy, muy,
muy, muy, muy, muy, muy, muy, muy, muy,
muy, muy, muy, muy, muy, muy, muy, muy,
muy, muy, muy, muy, muy, muy, muy, muy,
muy, muy, muy, muy, muy, muy, muy, muy,
muy, muy, muy, muy, muy, muy, muy, muy,
muy, muy, (ya casi, lo prometo) muy, muy,
muy, muy, muy, muy, muy, muy, muy, muy,
muy, muy, muy, muy, muy, muy, muy, muy,
muy, muy, muy, muy, muy, muy, muy, muy,
muy, muy, muy, muy, muy, muy, muy, muy,
y, muy, muy, muy, muy, muy, muy, ¡bueno!

1000%
bue

eno.

Porque ser **diferente** significa que tenemos mucho MÁS para ofrecernos mutuamente.

Como por ejemplo...

ayuda,

ideas,

fuerza,

destrezas,

creatividad,

vida,

paciencia,

respeto,

comunidad,

amor,

conocimiento,

experiencias,

perspectiva,

visión,

diversidad,

sabiduría,

empatía

y originalidad.

Toda esa cosa de
ser diferente,

nos hace mejores.

¡Mucho mejores!

Así que, si ves a alguien que está siendo maltratado, burlado, excluido de juegos o despreciado debido al color de su piel...

llámale **racismo**.

Conclusión
para adultos

Ahora que ya has terminado el libro, ¿qué es lo que sigue? Bueno, si eres un adulto que le leyó este libro a un niño, ¡espero que muchas cosas! Ellos deberán tener un millón de preguntas para ti, como "¿Ha sido alguna vez alguien racista contigo?" o "¿No le caes bien a algunas personas debido al color de tu piel?" Aprovecha su curiosidad y haz tu mejor esfuerzo.

Te puedo asegurar que tú tienes más miedo de hablar acerca del racismo que ellos. Así que, háblales de tu experiencia con el racismo o la de tus amigos. Háblales sobre la historia de nuestro país y del movimiento de los derechos civiles. Y por encima de todo, sé honesto. Los niños están listos y dispuestos para aprender sobre cosas difíciles, si las personas adultas en las vidas de ellos están dispuestos a hablar de estas.

Un libro para niños sobre...

un
libro
para
niños
sobre
racismo

por Jelani Memory

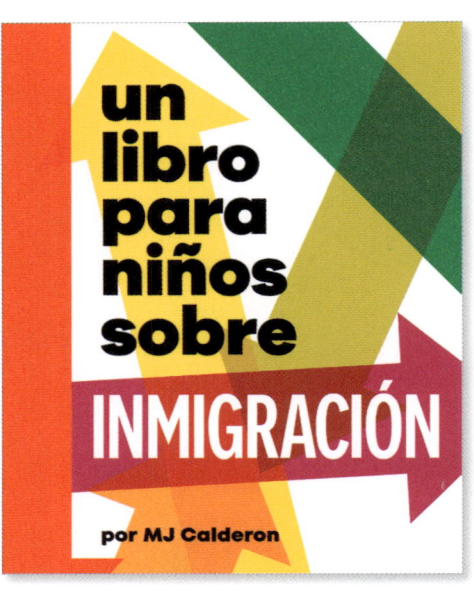

un
libro
para
niños
sobre
INMIGRACIÓN

por MJ Calderon

un
libro
para
niños
sobre
IDENTIDAD

por Taboo